# ASSEMBLÉE NATIONALE

## SOLUTION NÉCESSAIRE ET D'URGENCE

### (29 Septembre 1870)

PAR

## E. CORBIN

AGRICULTEUR ET PREMIER PRÉSIDENT DÉMISSIONNAIRE

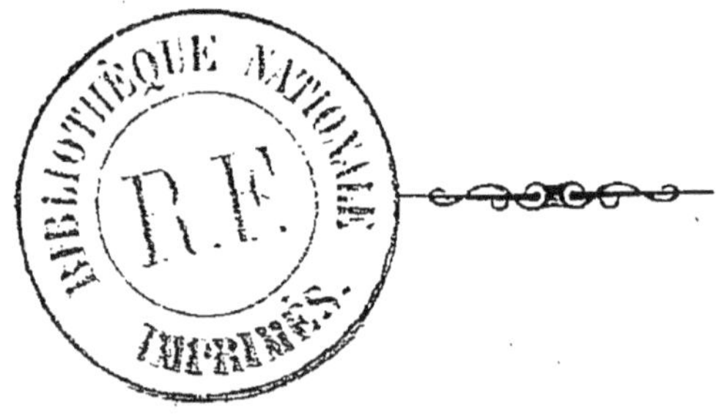

PRIX 50 CENTIMES

(Au profit des Blessés)

## CHEZ TOUS LES LIBRAIRES DE BOURGES

# AVANT-PROPOS.

A ces quelques lignes auraient suffi deux colonnes d'un journal... mais, depuis le 5 Septembre, le journalisme local est timide.. très-timide,.. j'en sais quelque chose. — Que voulez-vous! la République en certaines mains a toujours eu la triste chance de faire peur...

— Ceci soit dit pour excuser la forme bien trop ambitieuse de la brochure.

**E. CORBIN.**

Agriculteur, et Premier Président démissionnaire.

# ASSEMBLÉE NATIONALE!

## SOLUTION NÉCESSAIRE ET D'URGENCE

Parmi toutes les fausses rumeurs et les bille-
vesées dont se paie le bon public, il faut mettre
au premier rang cette déclaration prétendue du
roi de Prusse, qu'il n'entend traiter qu'avec
l'empereur Napoléon ou son gouvernement.

Ce qui est très-vrai et hors de doute, c'est
qu'à toutes les courbettes de M. Jules Favre
M. de Bismarck a répondu à peu près ceci :

« Qui êtes vous pour nous proposer la paix ? le
« porte-parole de ces douze Messieurs de Paris
« (Dieu lui pardonne ! il a osé, si j'ai bien lu, les
« appeler Messieurs du Pavé !!) qui un beau
« soir, l'émeute aidant, se sont dit « *l'État c'est*
« *Nous* ».

« Franchement, que pouvez vous ?... que nous
« garantirez-vous ?... déjà Paris se scinde en
deux camps, — le midi est en feu et vous
« échappe — le reste ne vous subit que par
« crainte ou vous dément — nous savons tout
« cela et vous le savez mieux que nous — belles
« phrases n'y peuvent rien. — Arrière donc,
« délégué sans mandat, négociateur sans cau-
« tion,... je ne vous connais pas. »

Puis après un silence, « et pourtant deux
mots encore » ajouta l'habile homme, « grâce
« à vous tout se désorganise et s'effondre, le
« cahos se fait, l'abîme vous appelle... Eh bien !
« voyons.., livrez nous deux provinces, vos places
« fortes, le Mont-Valérien (Paris ? pas encore),
« quelques bons milliards en sus... et donnons-
« nous la main.., que si vous avez quelque

« scrupule, eh bien ! consultez votre ami Picard (1).

M. Jules Favre avait compris... et vite un décret ramenait au 2 octobre l'élection d'une assemblée constituante précédemment indiquée pour le 16 du même mois quand soudainement, au grand ébahissement de la France, nouveau décret qui ajourne le tout... indéfiniment !

Sans doute, ces Messieurs y trouvaient leur compte, car l'avénement d'une assemblée c'est leur déchéance, c'est le droit détrônant le fait et, tout puritain qu'on soit, se prélasser dans le menu des grandeurs républicaines ne laisse pas que d'avoir son charme, pourtant faut-il bien reconnaître que la mesure a ses difficultés.

Élire une Assemblée constituante pour un pays dont le tiers est aux mains ou sous le séquestre de l'ennemi ne se conçoit guère ; les possibilités

______

(1) Ce bon M. Picard, quelque peu journaliste par passe-temps, est aujourd'hui l'Argentier des douze du Gouvernement.

Si j'ai bonne mémoire, son *Électeur libre* disait naguère, assez lestement : « Céder Alsace et Lorraine, c'est un peu bien dur... Mais après tout, la république a ses compensations. » — Henri IV ne cédait qu'une messe — , c.

matérielles y résistent et jour à jour le progrès de l'invasion accroît l'empêchement. Et pourtant que résoudre et que faire ?

D'une part, pas de guerre à outrance et de l'autre pas de fin à l'état de guerre, si font défaut à l'une, l'élan d'une nationalité compacte à l'appel et sous l'impulsion d'une autorité légitime — et à l'autre, la possibilité d'une sanction régulière par le concours et l'assentiment du pays personnifié dans un pouvoir qui émane du suffrage universel, librement émis dans la grande unité française.

Voilà l'impasse... quelle sera l'issue possible ?

Je n'en vois qu'une et comme à juger froidement la situation qui nous est faite, l'expédient s'impose à tout bon esprit autant par le droit et la raison que par l'inexorable nécessité, je n'hésite pas à le proposer comme mesure de salut public.

— Cette représentation nationale, impossible à constituer en l'état présent des choses, qu'il nous faut pourtant et d'urgence, elle existe et de droit elle n'a pas cessé d'être.

Les comices de 1869 ont proclamé les élus de
la France, et le plébiscite de 1870 leur a donné
la plus éclatante consécration.

Que valaient-ils ces votes ? Que voulaient-ils
ces 7 millions de votants ?

Il n'est assurément homme de bonne foi qui
conteste la pleine liberté des suffrages émis en
1869, au lendemain des réunions publiques !
sous le contrôle de la presse s'exaspérant depuis
six mois sans frein ni limites ! dans la lutte éche-
velée de la période électorale ! — Voilà pour la
sincérité du vote.

Et quant à son vrai sens et à son dernier mot ;
pour mieux garder la mesure, laissons l'histoire
faire la part de gratitude et de confiance qui s'a-
dressait à l'Empire dynastique pour vingt-deux
années de grandeur et de prospérités.

Constatons seulement comme hors de débat
que ces 7 millions de votes, unanimes en ceci,
étaient la plus nette comme la plus énergique
protestatisn contre toute subversion du pouvoir
établi, soit par les sourdes intrigues de l'Orléa-
nisme, soit par les utopies, *imo,* les violences

de la république de toute nuance. C'est l'évidence!

Mais soyons logiques et de bonne foi, et quoiqu'en ait depuis décidé la fortune! — si le fait est acquis, si cette solennelle manifestation du vœu politique du pays à, de notoriété, et cette origine et cette signification, qu'en conclure? sinon cette conséquence capitale et forcée, c'est qu'une représentation vraiment nationnale existe et, dès lors, pourquoi la chercher à travers les complications du moment et là où le terrain se dérobe quand nous l'avons sous la main.

L'assemblée a été dissoute! Dissoute? Et par qui? par quelle puissance je vous prie, qui prévale contre la volonté du peuple? Dissoute? mais de quel droit?...

Je n'entends pas récriminer ni ne veux passionner la thèse. Je discute. Au 4 septembre dernier, à moins d'un mois de date quelques milliers de violents ont assailli les pouvoirs ; la tribune envahie, l'hôtel de ville surpris ont entendu le cri de *Vive la République*; les *douze* députés de Paris se sont institués *Gouvernement provisoire*... et le coup était fait!

Un mot pouvait tout sauver !

La soudaineté de l'incident, une sorte de vacance, en fait, du pouvoir dirigeant légitimaient peut être, quelle quelle fût, toute mesure de salut public, pourvu qu'elle fût décrétée au nom du pays, par le vote libre de la majorité de ses représentants.

Ce mot n'a pas été dit... l'homme résolu qu'il fallait à la crise a fait défaut !!

Eh bien ce mot, il faut, il est encore temps de le dire !!

Car ce mot implique la solution légitime, nécessaire, et la seule possible du présent si désastreux et d'un avenir plein de menaces.

« Qu'à jour fixe et en tel lieu que assigneront « son Président ou les mieux inspirés de ses mem- « bres soit convoquée et se réunisse *la représen-* « *tation nationale préconstituée*, se ressoudant « ainsi *de par son mandat régulier* à la journée « du 4 septembre dernier ! »

A cet appel pas un ne manquera, je pense... ou bien, c'en est donc fait du sentiment du devoir et de toute vertu civique!... Quand d'audacieux comités s'installent de leur autorité propre et s'imposent par les bayonnettes de quelques sicaires, ne se trouvait-il plus de vaillants cœurs pour les revendications les plus légitimes, ni de généreux citoyens bravant le péril pour la défense du droit.

Vous y viendrez aussi et des premiers... si une détestable ambition ne vous égare, si un patriotisme vrai vous touche, vous qui, par le vice originaire de votre dictature éphémère, ne pouvez ni la paix avec l'Allemagne, qui devant l'Europe indécise vous dénie qualité... ni la guerre libératrice quand le drapeau rouge inquiète Paris, flotte à Lyon, à Marseille (et savons-nous ce qui se passe en d'autres côtés ?)... quand le drapeau blanc demain peut-être se lèvera dans l'Ouest où comte de Chambord et princes d'Orléans se donneront la main .. quand partout l'élan national hésite et doute de lui-même dans les tiraillements de nos divisions intestines et devant l'imminence d'une dissolution sociale.

Gouvernants d'aventure, c'est de votre fait, tout cela ! Réhabilitez-vous, si se peut, en reprenant vos sièges, avant tout, la souveraineté nationale veut de vous cet hommage.

— .... Et cet acte viril accompli, tout se régularise et se simplifie.

L'Assemblée nationale, au seul titre de *Gouvernement provisoire* ramène à elle tous les pouvoirs — avec sa ratification à intervenir pourra valoir tout ce qui s'est fait de bien — de son initiative et sous son contrôle s'achèvera ce qui est à faire — la guerre à outrance ou la paix, si paix acceptable doit nous venir.

Qu'il en soit ainsi !

Et là où siégera l'assemblée et tant qu'elle siégera, fût-ce sur le dernier lambeau du territoire, là pour notre nationalité indéfectible, là pour l'Europe rassurée et sympathique... là sera la France !

— Mais victoire ou sacrifices, l'état de guerre cessant, qu'il soit bien entendu qu'*ipso facto*, de plein droit et dudit jour, après le délai nécessaire pour la convocation des comices, tous pouvoirs rentreront aux mains d'une *Assemblée constituante* qui prononcera souverainement sur notre reconstitution publique.

Bourges, 29 Septembre 1870.

## CORBIN,

Agriculteur et Premier Président démissionnaire.

www.ingramcontent.com/pod-product-compliance
Lightning Source LLC
Chambersburg PA
CBHW061230050726
47594CB00009B/3862